AF384795

DU JOURNALISME

ET DU

SEUL MOYEN POUR LE GOUVERNEMENT

DE

CONTREBALANCER SON ACTION.

Cette puissance mystérieuse qui gouverne les affaires humaines et qui de temps en temps en change la face, l'Orient l'appelle la *fatalité*, l'Occident la force morale ou l'*opinion publique*.

VERSAILLES,

CHEZ DUFAURE, IMPRIMEUR-LIBRAIRE,

Rue de la Paroisse, 21.

1849.

DU JOURNALISME

ET DU

Seul moyen pour le Gouvernement

DE

CONTREBALANCER SON ACTION.

I.

Dans tous les sujets où la vérité ne se découvre que par une série de raisonnemens, il suffit d'une seule donnée inaperçue, d'une simple déduction qu'on n'a pas étendue assez loin, pour empêcher la solution de la question soumise au débat.

Nous commençons par cette réflexion, parce qu'il n'y a qu'elle qui puisse expliquer comment, après soixante années d'expérience de la liberté de la presse, des milliers d'articles de journaux, douze ou quinze lois, partant douze ou quinze discussions solennelles au sein des pouvoirs publics, nous ne sommes pas plus avancés qu'au premier jour, et que, pour obéir aux prescriptions de la constitution, il nous faudra bientôt recommencer les mêmes débats.

Cette persistance du législateur, cette obstination après tant d'efforts infructueux, sont faciles à concevoir.

Si une obéissance passive, sans conviction et sans esprit public, était un lien social suffisant; si même en se bornant à une soumission matérielle, il suffisait de commander, pour être obéi et pour assurer l'inviolable exécution des actes de l'autorité, tant de sollicitude serait inutile. La science de la loi de la presse, comme celle de toutes les autres lois, serait bien simple; ou plutôt ce ne serait plus une science.

Mais, soit comme individu, soit comme citoyen, l'homme n'est pas seulement un être physique. Il a besoin de trouver dans les lois qui le régissent une image agrandie de sa propre raison et comme un rayon de la divine intelligence qui gouverne le monde. Un peuple est un grand corps moral. Ce n'est donc que par une force morale qu'il est possible de le conduire. Elle seule peut rendre durable l'emploi des moyens matériels dont l'autorité dispose. La force morale, c'est le feu sacré qui entretient les empires; c'est la foi en la durée de ce qui est. Dire qu'un gouvernement a la force morale, c'est dire qu'il satisfait à tous les besoins publics et à tous les sentimens généreux. Un gouvernement sans force morale est un corps sans âme.

Or, la liberté de la presse est le principal ressort de cette force; parce qu'il n'existe aucun autre moyen d'agir avec autant d'efficacité sur l'esprit des hommes. Les lois sur la presse sont donc réellement les plus importantes de toutes les lois. C'est à elles qu'est suspendu le destin de la France. Il ne s'agit donc plus aujourd'hui de parer, une fois de plus, aux inconvéniens du moment, il faut une loi définitive, propre à résoudre toutes les difficultés qui se rattachent à cette grande question.

On entend par la liberté de la presse le droit qu'a tout citoyen de discuter, de contrôler, de déférer à l'opinion publique, les actes quelconques du gouvernement, ceux de ses fonctionnaires, et même les jugemens rendus.

Au point où nous sommes arrivés, il est inutile de chercher, s'il n'y avait pas une difficulté particulière d'étendre ce droit aux journaux, si un gouvernement, tel sage qu'il soit, peut supporter l'épreuve de cette contradiction incessante et s'il n'y a pas à craindre que la licence des discussions ne finisse par ébranler jusqu'aux fondemens de l'ordre social.

On nous répondrait que, par la liberté de la presse, on entend particulièrement la liberté des journaux, et que sans le droit qui leur est inhérent de remettre, chaque matin, la discussion et le contrôle des actes de l'autorité à la porte de chaque citoyen, de les déposer dans des milliers de cabinets de lecture, dans tous les lieux de réunion, de les distribuer dans les campagnes comme dans les villes, à la classe ignorante comme à la classe éclairée, il n'y aurait pas de liberté de la presse.

Comme nous croyons fermement que tels graves, tels rapides, tels constans que puissent être les inconvéniens particuliers aux journaux, la loi peut trouver des moyens aussi promps, aussi constans de les atteindre, nous ne balançons pas à comprendre les journaux, comme toutes les autres productions littéraires dans le droit à la liberté de la presse. Nous ajouterons même plutôt que de retrancher aux considérations qui tant de fois ont été exposées sur la nécessité de conserver leurs avantages. Les journaux ne feraient pas la loi au gouvernement, si le gouvernement avait su faire la loi des journaux.

En effet, il ne faut pas l'oublier : en matière de liberté de la presse comme en toute autre matière, il n'y a pas et il ne saurait y avoir de droit absolu. Les droits individuels supposent toujours les droits d'autrui et le droit social entièrement garantis. Celui qui ne reconnaît aucun maître, sera bientôt le maître lui-même. La liberté de la presse deviendrait la tyrannie de la presse, si, quand elle attaque les droits d'autrui, la loi n'était pas assez puissante pour la réprimer. La constitution de 1848 est formelle sur ce point.

Aux termes du second paragraphe de son art. 8, le droit à la liberté de la presse, comme tous les droits spécialement réservés aux citoyens des pays libres, a pour limite *le droit et la liberté d'autrui et la sécurité publique.* Elle n'a pas voulu placer la presse dans un fort tellement élevé que de ce point elle puisse impunément et sans le moindre péril pour elle-même, foudroyer tantôt les citoyens, tantôt le gouvernement. Au contraire, par ce second paragraphe, elle a imposé à l'Assemblée nationale l'obligation de garantir le gouvernement, comme les citoyens, de toutes les atteintes que la presse pourrait porter à leurs droits respectifs.

Pour soulever le monde physique, un ancien philosophe ne demandait qu'un point d'appui, qu'on n'a pas encore trouvé. Les philosophes modernes sont plus heureux. Ils ont trouvé celui qui non-seulement soulèverait, mais qui, si on les aissait faire, renverserait le monde politique; c'est la liberté de la presse illimitée.

Tout commande donc de préciser les limites dans lesquelles cette liberté devra être circonscrite. Bien que ce soit un droit particulier, c'est dans l'intérêt public qu'il a été établi, et ce n'est que dans cet intérêt qu'il doit être exercé. Il n'y a donc pas de raison qui puisse empêcher le législateur de soustraire à l'action de la presse tous les cas où elle n'aurait que des dangers sans aucun avantage.

Par exemple, c'est une maxime qui de nos mœurs a déjà passé dans nos lois que *la vie privée doit être murée*. Attenter à la vie privée par le moyen de la presse, c'est dans le sens qui doit être attribué à la loi, *commettre un délit;* parce qu'il n'y a que du danger et aucun intérêt à ce que la presse puisse explorer la vie privée. La vie d'un homme lui appartient, nul autre que lui n'a droit sur cette propriété.

La poursuite ici pourrait être fort simple et le ministère public pourrait se borner à ce peu de mots : « Voilà un imprimé dans lequel une ou plusieurs personnes sont diffamées, quoique exemptes par leur position sociale de tout contrôle et quoique le fait sur lequel porte cette diffamation soit également hors du domaine de la presse. Il y a donc délit et je réclame l'application de la peine portée par la loi. »

Si le libelle offensait une femme mariée, ou non mariée, la loi devrait doubler l'amende. Qui pourrait vouloir vivre dans un pays où l'honneur des familles, le plus sacré des biens, est à la merci d'un écrivain méchant, ou affamé ?

Mais, n'y a-t-il donc que la vie privée qui doive être murée ? La constitution, après avoir prescrit à l'Assemblée nationale de garantir les droits privés, ne lui prescrit-elle pas aussi de garantir la sécurité publique ? L'atteinte à la vie privée est-elle le seul cas où la liberté de la presse n'ait que des dangers sans aucun avantage pour la sécurité publique ?

Sans doute les actes des pouvoirs politiques et religieux sont et doivent rester soumis à la discussion et au contrôle de la presse. C'est pour cela même que la liberté de la presse a été établie. Mais le fondement même de toute religion ; l'existence de Dieu ! Mais les assises éternelles de toute société; la famille, la propriété! Sont-ce là des questions qu'il soit dans l'intérêt public de livrer à la discussion? Ne sont-ce pas plutôt de celles qu'il ordonne de soustraire à son action, comme dangereuse pour la sécurité publique? Laisser mettre en question les conditions de l'existence politique et religieuse de la société comme conséquence du droit de discuter les actes politiques et religieux, c'est conclure que l'on peut mettre le feu à un édifice avec le flambeau qu'on a reçu pour l'éclairer. On viole le principe de toute législation quand on se sert d'un droit pour attaquer les fondemens mêmes de ce droit. Par toute la terre on punit les incendiaires. Qui oserait établir un privilége pour les incendiaires de l'ordre social?

Rien ne serait plus simple que cette première loi de la presse. Elle consisterait uniquement dans la classification des matières soustraites à son action. En même-temps rien ne serait plus facile que son application.

Dans les délits ordinaires, il n'y a qu'une chose de constante, c'est le délit lui-même ; le coupable est presque toujours incertain. De là toutes les précautions propres à garantir le prévenu contre les erreurs ; de là les formes plus indispensables les unes que les autres pour rassurer l'innocence. Dans les délits de la presse au contraire, le coupable n'est pas moins évident que le délit. A défaut de l'auteur, c'est l'imprimeur. Il n'y a pas de danger à être sévère, parce qu'il est impossible d'être injuste.

Mais, quand on aura terminé cette première loi ; quand à la liste des délits déjà classés dans le code pénal on aura ajouté quelques délits nouveaux, si on se borne à cela, on n'aura pas même effleuré la question constitutionnelle de la presse.

II.

Dans tous les pays où il y a une presse, cet instrument peut servir à des délits comme tout autre instrument; mais dans les gouvernemens où le contrôle des actes de l'autorité *est érigé en droit public*, où la liberté de la presse est introduite comme un rouage indispensable de la machine à gouverner, la question se présente sous un nouveau point de vue. Sous ce couvert constitutionnel du droit de contrôle, ne peut-on donc pas aussi porter atteinte au droit d'autrui et à la sécurité publique? Sous prétexte d'user ne peut-on donc pas abuser? et si on peut abuser, la loi ne doit-elle pas réprimer l'abus? Il y a donc nécessité pour l'Assemblée nationale, après avoir fait la loi des délits, d'ajouter à son travail la loi des abus.

Il y a une grande différence entre un *délit* de la presse et un *abus*. C'est même dans cette différence qu'est caché tout le mystère de cette législation ; c'est-là l'importante donnée échappée jusqu'ici à la méditation ; c'est elle qui domine tout ce sujet, et comme elle y répand beaucoup de lumière, elle doit constamment nous servir de guide. L'efficacité d'une loi est un problême dont la solution exige la parfaite connaissance de toutes les faces sous lesquelles elle peut être envisagée.

La poursuite des délits est facile, parce que les tribunaux ne peuvent élever aucun doute sur la criminalité de l'acte qui fait le sujet de l'accusation. Il n'est pas plus permis de diffamer un peu que de voler un peu, que de blesser légèrement. La culpabilité de l'accusé ne dépend pas du plus ou moins de latitude donnée à un droit, puisqu'il n'a aucun droit. Il s'agit d'un fait, et ce fait, qu'il ait plus ou moins de gravité, est toujours un fait coupable.

Dans la seconde loi, dans la loi des abus, les choses devront se passer bien différemment. A côté de l'*abus*, que la loi devra ordonner de poursuivre, se trouve le *droit*, que la constitution ordonne de protéger. L'écrivain que vous poursuivez comme ayant porté atteinte à la sécurité publique, se défend comme bienfaiteur de l'humanité. Vous le menacez de la roche Tarpéienne, et il réclame les honneurs du Capitole. Le magistrat vient-il à se tromper dans cette appréciation si difficile? protége-t-il l'abus quand il fallait le poursuivre? c'est l'ordre public qui est en péril. Au contraire, poursuit-il l'abus quand il fallait protéger le droit? c'est la liberté de la presse qui succombe et avec elle toutes les autres libertés.

Cette seconde loi est, comme on le voit, aussi compliquée que la première était simple. Envisagée ici dans ses immenses moyens, la presse paraît braver toutes les combinaisons de l'esprit humain. On la dirait plus forte à elle seule que la société tout entière.

Les délits de la presse comme tous les autres délits sont des faits précisés à l'avance par le texte formel de la loi. Les abus de la presse sont aussi des faits; mais ceux-ci par leur nature échappent à la prévision du législateur. L'idée de classer à l'avance méthodiquement tous les abus qui peuvent naître de la liberté de la presse, équivaut à celle de classer les diverses positions dans lesquelles un pays peut se trouver, multipliées par toutes les combinaisons des lettres de l'alphabet. L'abus d'un écrit tient à un ordre de probabilités impossibles à calculer, jointes à la disposition générale des esprits. Si la loi ne peut préciser à l'avance, ni ces probabilités, ni ces situations, elle ne peut pas préciser d'avantage les abus dont un écrit peut se rendre coupable. Qui n'a pas lu des articles de journaux, des brochures, des livres même, tellement imprégnés de perfidie que si on avait pu les tordre, il n'en serait sorti que du venin. Cependant vous y auriez vainement cherché le passage, la phrase, le mot même qu'il eut été possible d'incriminer. Par cette étrange bizarrerie, les abus de la presse échappent tout à la fois à la juridiction ordinaire des juges et des jurés.

Les jurés ne sont pas appelés à statuer que sur des faits. *Ad questionem facti respondant juratores.*

Le fait de la publication étant au rang des droits,
ne peut ici être invoqué.

Les juges ne statuent que d'après le texte des
lois existantes, et nous venons de voir qu'en matière d'abus de la presse, les cas coupables échappent à toute prévision.

La nécessité de la loi et l'impossibilité de l'assu-
jétir aux règles ordinaires étant ainsi établies, si le
problême reste encore soluble, ce ne peut être que
par la création d'une institution exceptionnelle,
d'une institution qui, prenant son origine au sein
même des élus du suffrage universel, recevra de là
une sorte d'investiture législative, d'une institution
qui, étant assujétie à des formes garantes de son
impartialité comme de son indépendance, recevra
de là le droit de rendre des jugemens; enfin qui
étant comme identifiée avec les conditions de notre
position politique, serait comme forcée de protéger
la liberté de la presse que la constitution proclame,
et de punir ses abus que la constitution proscrit.
Nous l'appellerons la *Cour des abus de la presse*. Il

y en aurait une dans chaque département. Tout membre du conseil-général pourrait être appelé à en faire partie, dans l'ordre et dans la forme déterminés par la loi. On ne sent pas assez la nécessité de l'intervention des conseils-généraux dans les questions où l'honneur et la moralité générales sont intéressés. Tant que tout le mouvement politique et moral de la France sera concentré à Paris, il n'y aura pas de France; il n'y aura que Paris.

L'ordre des idées ordinaires de la justice est ici interverti, parce que, pour être efficace, l'ordre des lois doit suivre l'ordre des choses. Les délits ne sont pas faits pour les tribunaux, mais les tribunaux pour les délits. N'avons-nous pas déjà des cours d'amirauté, des tribunaux de commerce, des tribunaux militaires? La division des attributions dans un gouvernement, équivaut à la division du travail dans un atelier; c'est la raison du progrès et le chemin de la perfection.

En définitive, nous n'aurons une bonne loi de la presse que le jour où les écrivains éprouveront la nécessité d'être sévères pour eux-mêmes; et ils n'éprouveront cette nécessité, que le jour où la conscience d'un tribunal éclairé n'aura aucune entrave pour suivre leurs consciences, où sa pensée sera suspendue sur leurs pensées, son esprit sur leurs esprits, la punition sur l'infraction.

III.

Si en matière de presse, il n'y avait que des délits ou des abus, ce qui nous reste à dire serait
inutile. La poursuite des délits comme des abus
est l'affaire de la justice, et, sous ce double rap-
port, nous avons rempli notre tâche. Mais si la
presse est le grand ressort de la force morale, les
journaux sont le grand ressort de la presse. Con-
sidérée sous ce nouveau point de vue, la question
des journaux qui nous reste à examiner est loin
de le céder en importance à celles qui l'ont pré-
cédée : et la troisième loi de la presse, la loi régu-
latrice de l'exercice du journalisme, n'exige pas
moins de méditations que les deux premières.

Pendant que le gouvernement règle les affaires
de l'état, les journaux de leur côté lui disputent

cette direction. Ils projettent leurs lois ; ils ont leurs vues et leurs plans ; ils indiquent les nominations à faire et contrôlent celles qui sont faites ; ils méditent leurs députés, leurs ministres, leur président de la république ; ils correspondent avec tous les citoyens pour leur faire adopter leurs idées et leur faire rejeter celles qui leur sont contraires ; en un mot, partout ils opposent leurs influences à celle du gouvernement. S'ils échouent aujourd'hui dans leurs vues, ils recommenceront demain, les jours suivans, durant des années entières, enfin, jusqu'à ce qu'ils aient réussi.

Ainsi, le gouvernement est le maître de toutes les forces matérielles du pays ; mais le grand véhicule de ces forces, la force morale, les journaux en disposent en grande partie. Ainsi, nous avons deux gouvernemens, le gouvernement des forces matérielles et le gouvernement des forces morales, le gouvernement des pouvoirs constitués et le gouvernement des journaux.

C'est à dessein que, dans la nomenclature que l'on vient de lire, nous nous sommes abstenus de placer les propositions délirantes des journaux socialistes. Nous avons voulu d'abord ne considérer le journalisme que circonscrit dans ce qu'on est convenu d'appeler l'exercice légal de ses attributions. Nous avons voulu commencer par établir que la plaie que l'on regarde comme inhérente à la violence du temps présent, lui est antérieure. C'est toujours l'ancienne cause qui produit de nouveaux effets ; seulement, plus elle se prolonge, plus elle étend ses ravages : *vires acquirit eundo*. Jusqu'ici elle n'avait attaqué que les gouvernemens, pour les renverser et se mettre à leur place. Maintenant elle s'en prend à la propriété, à la famille, à la civilisation tout entière, à Dieu même.

Sans doute les journaux des anciennes oppositions ne prêchaient pas la destruction de toutes les lois divines et humaines ; mais au moins est-on forcé de convenir qu'ils ont poussé l'exagération aussi loin que leur a paru l'exiger le triomphe de la cause qu'ils avaient embrassée. Avant de nous donner une révolution républicaine démocratique, ils nous avaient donné une révolution anti-légitimiste. Maintenant , après nous avoir donné la révolution républicaine démocratique (les choses restant dans l'état où elles sont en ce moment) , ils nous donneront infailliblement une révolution républicaine démocratique et *sociale*.

Cette puissance mystérieuse qui gouverne les affaires humaines , et qui de temps en temps en change la face , l'Orient l'appelle la fatalité, l'Occident la force morale ou l'opinion publique. Or, en France , l'opinion publique , c'est l'opinion légale, l'opinion de la majorité numérique. De toutes les expressions en usage dans les gouvernemens représentatifs , il n'en est pas qui ait plus fait fortune que celle-là. « Nous avons la majorité... Vous n'avez pas la majorité... » Avec ce peu de mots , toute discussion est à son terme , parce qu'ils ont l'air de trancher toutes les difficultés , quand , à la vérité , ils n'en tranchent aucune. S'il y avait une assemblée d'automates , sa majorité numérique serait en même-temps une majorité politique. Pour une assemblée d'êtres intelligens , il faut un élément de plus ; il faut une idée. Une majorité n'est pas une idée : c'est tout simplement un nombre. La conscience, l'intelligence, la volonté, ne peuvent être soumises à un nombre... Mais cette digression nous écarte de notre sujet ; empressons-nous d'y rentrer.

« Celui qui est le maître de l'éducation, a dit Leibnitz, sera bientôt le maître du monde. » Armés du suffrage universel, les journaux socialistes sont les maîtres de l'éducation politique des masses. Leurs sauvages prédications confondent chaque jour pour ces faibles intelligences, toutes les notions du vrai et du faux, du juste et de l'injuste, du tien et du mien : et à moins d'une *lumière nouvelle*, ils parviendront à les pervertir complétement.

Nous entendons quelques objections.

Le Gouvernement n'a-t-il pas ses journaux ? S'il n'en a pas assez, n'a-t-il pas le droit d'en fonder de nouveaux ? ne peut-il pas en créer autant qu'il y a de journaux qui lui sont opposés ? Par l'article 13 de la loi du 27 juillet de cette année, les journaux ne sont-ils pas tenus d'insérer tous les documens officiels, relations authentiques, renseignemens et rectifications qui leur sont adressés par tout dépositaire de l'autorité publique?... En Angleterre, ce pays modèle des gouvernemens représentatifs, les journaux ne sont-ils pas partagés comme en France, en journaux ministériels et en journaux d'opposition? Voit-on cependant que le gouvernement s'y plaigne d'être opprimé par ces derniers?

Notre réponse sera bien simple.

Nous n'ignorons pas que le gouvernement en France jouit de la liberté de la presse, et qu'en se conformant aux lois qui régissent la matière, il peut faire autant de journaux que bon lui semble. Mais à quoi servent les réponses aux journaux socialistes insérées dans les journaux conservateurs? Comment peuvent-elles servir au triomphe de la vérité? Elles vont, comme on dit vulgairement, *prêcher des convertis ;* mais jamais elles ne parviendront aux masses. Jamais elles ne parviendront à la partie de la population dont il serait indispensable qu'elles fussent connues, et qui dès-lors reste inféodée aux idées destructrices de l'ordre social. A l'Assemblée nationale, il y a une tribune, pour que chaque opinion puisse s'y produire librement; mais sous la condition de subir l'opinion opposée, émise à la même tribune. Un journal, au contraire, est une tribune où le même orateur a toujours la parole et sous la condition de n'être jamais contredit par l'opinion opposée. Ainsi le droit de légitime défense que tous les législateurs accordent à celui que l'on attaque, le Gouvernement n'en jouit pas. Il y a dans les conditions actuelles de publicité et dans l'état présent de nos mœurs, toutes les facilités pour que toutes les opinions, qu'elles qu'elles soient, puissent se produire. La seule chose qui reste à assurer, c'est la possibilité pour le Gouvernement de combattre afficacement celles qu'il regarde comme dangereuses. Chaque coup que lui portent ses ennemis, il les reçoit en pleine poitrine; car chaque numéro du journal socialiste est un acte de corruption exercée sur une partie de la population. Tous ceux qu'il rend passent à côté de ses adversaires ou par dessus leurs têtes.

Quant aux dispositions de l'article 13 de la dernière loi sur la presse, elles sont étrangères à ce sujet, du moins, tel que nous l'avons embrassé. Sans doute il est utile que la France entière connaisse les actes officiels de son Gouvernement ; mais ce qui importe surtout, c'est qu'il ne puisse pas être induit en erreur sur leur nature et sur leurs conséquences. Le journal hostile se conformera à la loi ; il insérera les documens officiels qui lui seront adressés ; mais il les fera suivre de commentaires qui les dénatureront ; il les souillera de son venin, et le gouvernement désarmé restera sous le coup de son ennemi. La France a besoin d'idées qui emportent avec elles leurs conséquences politiques et morales. Les dispositions de l'article 13 sont purement matérielles, elles laissent une lacune qu'il est indispensable de remplir.

Ainsi s'évanouit l'objection tirée de la faculté qu'a le gouvernement de répondre dans ses journaux aux attaques des journaux socialistes. Ainsi disparaît le prétendu avantage des nouvelles dispositions de la loi de juillet dernier.

Voyons maintenant si l'exemple de la Grande-Bretagne mérite plus de crédit.

« Je sais bien, disait Napoléon, que pour gouverner comme pour naviguer, il faut le concours de deux élémens opposés, les voiles et le lest. »

Quand Napoléon prononçait ces paroles, on peut supposer qu'il ne pensait guère à la Grande-Bretagne. Cependant, de tous les gouvernemens existans, c'est le seul auquel elles puissent être appliquées. Tout le système britannique, ses journaux compris, est enfermé dans ce peu de mots.

Les Whig sont les voiles qui poussent le vaisseau; les Tory sont le lest qui le soutient et sans lequel il braverait difficilement les tempêtes; le vaisseau, c'est le principe aristocratique que Whig et Tory défendent avec le même zèle; le Roi, c'est le masque qui orne sa poupe et qui lui donne son nom.

Les Tory, maîtres de la manœuvre, viennent-ils à exagérer leurs mouvemens, ou bien les circonstances exigent-elles plus de voiles que de lest; les Whig prennent le gouvernail et seront bientôt remplacés par les Tory, si ceux-là tombent dans les mêmes fautes, ou si les circonstances exigent plus de lest que de voiles.

Ainsi le vaisseau a deux équipages qui se stimulent et se succèdent réciproquement, selon le calme ou selon l'orage. Ainsi l'Angleterre a toujours à sa disposition un gouvernement de rechange, sans jamais courir la chance de voir porter la moindre atteinte à son unité.

Ce qu'il faut surtout remarquer dans ce système, parce que c'est là le secret de sa force et de sa durée; parce que c'est par-là qu'il est inimitable ; c'est qu'il ne peut vivre que si les deux partis, ou pour parler plus exactement, les deux nuances du grand parti parlementaire, ont chacune sa doctrine à part et toutes deux un principe semblable. Il n'y a que cette coïncidence qui donne à l'un comme à l'autre un droit égal à la direction suprême. Il n'y a que cette différence qui, quelles que soient les circonstances, perpétue pour le pays les mêmes garanties de succès.

Règle générale : si dans un système constitutionnel établi, la minorité ne reconnaît pas comme la majorité l'immuabilité du principe du Gouvernement, les bouleversemens sont les conséquences de ce défaut d'harmonie. Du jour au lendemain, le système politique peut passer d'un pôle à l'autre. On s'endort en monarchie, on s'éveillera peut-être en république. La puissance de défaire est seule en permanence. Il n'y a pas de doctrine plus anti-sociale, c'est la constitution même de l'anarchie.

En Angleterre, ce pays de grande inégalité, les sphères diverses dont la société se compose, ne se confondent jamais. Chaque journal suit les évolutions de celui des deux partis auquel il appartient ; mais soit isolés, soit réunis, ils n'en forment pas un à part. Chez nous chaque journaliste fait de sa pensée propre la loi absolue de la France, et tous les journalistes ayant les mêmes droits, si la France continue à vouloir s'y prêter, nous sommes condamnés à rouler successivement d'un système à l'autre, jusqu'à la fin des temps.

Il n'y a, comme on voit, rien de commun entre le journalisme en France et le journalisme en An-

gleterre, pas plus qu'entre le gouvernement français et le gouvernement anglais, pas plus qu'entre
l'Angleterre et la France. Vainement donc irions-
nous, soit en Angleterre, soit ailleurs, chercher
des modèles, pour un temps et pour un pays avec
lequel aucun autre temps ni aucun autre pays
n'ont d'analogie. Dans la question de la presse
comme dans toutes les autres questions politiques,
nous n'avons d'autres guides à consulter que le bon
sens et la logique.

Que nous enseignent ces deux maîtres sur la
question qui nous occupe ? quels sont les moyens
propres à combattre avec efficacité les funestes doctrines des journaux socialistes ; car il faut prendre
un parti. A quoi sert de répéter sans cesse qu'on
ne veut pas d'une nouvelle révolution, si on ne fait
rien de ce qu'il faut pour l'empêcher. Dans la position où nous sommes, être inactif, c'est être
aveugle, ou impuissant.

Faut-il aggraver les peines contre les délits et
les abus de la presse, quand ils sont commis par la
voie des journaux ?

Pour qu'une loi soit bonne il n'est pas nécessaire qu'elle soit sévère. La sévérité d'une loi commence par nuire à son exécution et finit par la rendre illusoire.

Faut-il rétablir les lois du timbre et augmenter les frais de cautionnement ?

C'est une maxime de politique incontestable que nul droit n'existe en société en dehors des conditions déterminées par la loi; mais si ces conditions sont établies à contre sens, au lieu de remédier au mal, elles le font naître. Tel est, selon nous, l'effet des lois du timbre et du cautionnement.

En assignant un prix quelconque, en numéraire, à l'obtention du droit de faire un journal, on a mis l'argent au-dessus de l'intelligence, ce qui est une première faute. On n'a pas réfléchi qu'en ôtant un moyen d'influence à l'immense majorité des Français, on le livrait exclusivement aux spéculations, aux ambitions, aux intrigues. Si élevé que puisse être le prix qu'y mettra le gouvernement, les cabinets étrangers auront toujours assez d'argent pour l'atteindre, et ils s'en serviront dans leurs intérêts et contre les nôtres. M. Attord disait, il y a peu d'années, en pleine chambre des communes, que la Russie payait la moitié des organes de la presse anglaise : et cependant les entreprises de ce genre sont bien plus coûteuses en Angleterre qu'en France. Qui peut nous garantir que l'Angleterre à son tour ne voudra pas payer la moitié des organes de la presse française?

Il est temps de le reconnaître : on a cherché dans la complication de mille entraves pécuniaires, une garantie qu'on n'y a pas trouvée parce qu'elle n'y était pas. Nous osons donc proposer de supprimer indistinctement toutes celles qui proviennent de la même origine et de les remplacer par cette simple disposition :

LA PREMIÈRE COLONNE DE CHAQUE JOURNAL EST A LA DISPOSITION DU GOUVERNEMENT DE LA RÉPUBLIQUE.

Ce serait là le seul impôt mis à l'avenir sur les journaux, la seule condition à laquelle serait assujéti le droit d'en publier; au moins aurait-il l'avantage d'être en harmonie avec la matière imposée. Ce serait une sorte de prestation en nature. Sur les douze colonnes dont un journal se compose, le gouvernement en aurait une à sa disposition. Il entrerait dans les journaux, au même titre qu'il entre dans l'assemblée nationale pour y soutenir ses opinions et pour y combattre les opinions opposées. Gouverner, c'est tenir en sa main toutes les forces de la société, les forces morales comme les forces matérielles. Il n'est plus question ici de réprimer ou de punir, il faut combattre; mais que ce soit à armes égales, en champ clos, corps à corps, c'est-à-dire dans le même journal et devant les mêmes lecteurs.

C'est une mesure qui contenterait tout le monde, d'abord le gouvernement, qui trouverait dans cette faculté et, sans la moindre dépense, un moyen d'influence qu'aucune autre combinaison ne saurait remplacer. Elle ne serait pas moins favorable à ceux qui font des journaux dont on rembourserait le cautionnement et qui ne paieraient plus de timbre, enfin à ceux qui voudraient faire des journaux et qui demeureraient libres de toutes entraves.

Qu'est-ce aujourd'hui que la liberté des journaux ? C'est un monopole. C'est un privilége, en vertu duquel un certain nombre d'entrepreneurs, ont acquis le droit d'exploiter seuls les doctrines religieuses et politiques des cinq sixièmes de la population qui n'ont pas d'autre lecture. Ce privilége blesse tout à la fois la liberté de la presse dont il absorbe tous les droits, et la littérature dont il usurpe toute l'influence. Le véritable but de la liberté de la presse est de faire que ceux qui ne font pas partie du corps représentatif, puissent par le concours de leurs lumières, exercer une part quelconque d'influence sur la marche du gouvernement. Depuis que la feuille volante a détrôné l'in-octavo, on ne jouit pas de la liberté de la presse, si on ne jouit pas du droit de faire un journal. La société est en péril, ce n'est pas trop de toutes nos forces pour conjurer l'orage.

L'émeute a été vaincue dans la rue; il faut maintenant la vaincre dans les intelligences. On a rétabli l'ordre matériel par la force matérielle; il faut rétablir l'ordre politique et moral par la vérité des idées et par la force intellectuelle : car il n'appartient qu'à elles de résoudre le grand problème des temps modernes. Il faut paralyser l'élément révolutionnaire dans le plus actif comme dans le plus dangereux de ses agens. A la destruction systématique de tous les élémens du pouvoir, il faut opposer les conditions éternelles de l'ordre. A la négation des lois divines, il faut opposer l'harmonie de l'univers. Le combat est entre le génie du bien et le génie du mal. Qui n'éprouve le besoin, qui n'est prêt à obéir au devoir, de s'associer à cette sainte et patriotique lutte!

Trop long-temps en France le beau rôle a été pour les hommes qui ont fait glisser le pouvoir sur la pente des révolutions. On s'était habitué, surtout dans les classes élevées, à séparer la cause de la société de celle du gouvernement, et à le traiter comme un ennemi. Grâce au cataclysme de février 1848, l'erreur générale a été reconnue. On s'est aperçu enfin que le gouvernement ne pouvait suffire seul à la défense du pays contre les mauvaises passions qui le tourmentent. Il y a maintenant une sorte d'assurance mutuelle de tous ceux qui veulent réorganiser, contre ceux qui ne veulent que détruire. Déjà plus d'un vainqueur de 1830 a abjuré les funestes doctrines qui lui ont donné la victoire. Le 10 décembre de cette même année 1848 a été témoin d'un phénomène qui n'avait pas d'exemple dans l'histoire, celui d'une population de près de six millions d'hommes votant pour le rétablissement *du principe d'ordre et d'autorité*, dont le nom de Napoléon est le glorieux symbole, en ayant pour adversaire son propre gouvernement.

Qu'on veuille bien réfléchir à ce que, dans une pareille disposition des esprits, le gouvernement actuel gagnerait d'influence raisonnable, à ce que les journaux socialistes perdraient d'influence dangereuse, si leurs articles étaient réfutés, le lendemain du jour où ils auraient paru, *dans les mêmes journaux* que ceux auxquels ils serviraient de réponse. Quelque insensées que soient leurs prédications, elles ont pénétré les masses, et c'est là un péril qu'on ne peut conjurer que par l'intermédiaire des journaux qui les ont enfantées. Sous l'empire de cette nouvelle disposition, le bien et le mal pourraient se puiser à la même source ; le contrepoison circulerait à côté du poison, et on pourrait se reposer sur le bon sens des lecteurs. Plus il y aurait de journaux, et plus ces journaux auraient d'abonnés, plus le gouvernement aurait de moyens pour propager sa pensée. On chercherait vainement une autre combinaison, pour offrir, comme celle-là, le triple avantage d'éteindre les factions, de former l'esprit public et de conduire la France à l'*unité* de doctrine. Mais un gouvernement battu en brèche chaque matin par une politique en furie, succombera infailliblement, si n'ayant qu'un moyen pour se garantir, il lui est interdit de le prendre.

Maintenant comment concevoir ce débat de doctrines opposées, sans une grande magistrature qui en soit particulièrement chargée, sans la création d'un *haut-directeur du département des forces politiques et morales*, travaillant directement avec le président de la république, comme les ministres, et prenant, comme eux, la parole à l'assemblée nationale, toutes les fois que les besoins de son service l'exigeraient. Si quelqu'un imaginait que l'étendue de capacité nécessaire pour de pareilles fonctions est au-dessous de la nécessité d'une pareille création, il serait dans l'erreur. On trouvera plus facilement un ministre des finances, un ministre des affaires étrangères, qu'un haut-directeur du département des forces politiques et morales.

Versailles, ce 12 *décembre* 1849.

Un Octogénaire.

Versailles.— Impr. de Dufaure.

9 782014 050868